Frédéric Mercey

La Peinture flamande et hollandaise

Beaux-Arts

 Le code de la propriété intellectuelle du 1er juillet 1992 interdit en effet expressément la photocopie à usage collectif sans autorisation des ayants droit. Or, cette pratique s'est généralisée dans les établissements d'enseignement supérieur, provoquant une baisse brutale des achats de livres et de revues, au point que la possibilité même pour les auteurs de créer des œuvres nouvelles et de les faire éditer correctement est aujourd'hui menacée. En application de la loi du 11 mars 1957, il est interdit de reproduire intégralement ou partiellement le présent ouvrage, sur quelque support que ce soit, sans autorisation de l'Éditeur ou du Centre Français d'Exploitation du Droit de Copie , 20, rue Grands Augustins, 75006 Paris.

ISBN : 978-1975712334

10 9 8 7 6 5 4 3 2 1

Frédéric Mercey

La Peinture flamande et hollandaise

Beaux-Arts

Table de Matières

La Peinture flamande et hollandaise   6

Notes   41

La Peinture flamande et hollandaise

La peinture flamande et hollandaise, dont les productions remplissent la plupart des galeries de l'Europe, n'a été que depuis bien peu d'années l'objet d'études approfondies et de publications sérieuses. M. Sulpice Boisserée, dans son ouvrage sur la cathédrale de Cologne, place dans cet édifice le berceau de la peinture germanique. A l'en croire, l'*alpha* de l'art des contrées rhénanes fut gravé sous ses voûtes par une main inconnue. C'est là une de ces assertions systématiques, familières aux Allemands, que le bon sens réprouve, et qui ne supportent pas l'examen. L'art ne se développe jamais spontanément ; ses commencements sont lents et laborieux et s'appuient toujours sur la tradition. L'art dans la haute Allemagne, et par suite chez les Flamands et les Hollandais, a suivi les lois ordinaires qui président à son développement. Sauf de légères modifications apportées par le climat, les mœurs et le caractère propre à chaque nation, les monuments des mêmes époques, dans les contrées de l'Europe qui s'étendent des Alpes et du Danube aux rives de l'océan germanique, présentent, à partir des temps les plus reculés, la plus grande analogie.

Si les œuvres de la sculpture et de la peinture murale et les mosaïques qui pourraient rattacher l'art antique à l'art moderne sont en petit nombre, il existe des monuments d'un ordre moins relevé, mais plus complets, plus nombreux, et qui présentent un intérêt au moins égal à celui que nous offrent les sculptures et les peintures : nous voulons parler des peintures des manuscrits. Ces peintures comblent aujourd'hui la lacune qui pouvait exister dans l'art ; elles nous prouvent que les peintres grecs conservèrent jusque dans les bas temps de l'empire une supériorité réelle. Elles rattachent l'art byzantin à l'art moderne, comme elles avaient relié l'art antique à l'art byzantin. L'étude des peintures des manuscrits, indiquée seulement par Séroux d'Agincourt, qui continuait Winkelmann et qui n'envisageait l'art que sous une de ses faces, est des plus curieuses ; elle jette des lumières vives et inattendues sur l'histoire générale de l'art au moyen-âge dans les contrées germaniques ; elle nous conduit sans lacune des époques mérovingienne et carlovingienne jusqu'au milieu du XVIe siècle.

Frédéric Mercey

Les manuscrits francs de l'époque carlovingienne, tels que les évangéliaires de Charlemagne [1], de Louis-le-Débonnaire [2] et de Lothaire [3], les évangiles d'Ébon, archevêque de Rheims [4], la Bible [5] et le psautier de Charles-le-Chauve, sont des chefs-d'œuvre dans leur genre ; ils égalent, pour la perfection des accessoires et la délicatesse des ornements, les plus beaux manuscrits byzantins ; ils prouvent que dans ces temps reculés l'invention, la diversité et la netteté qui caractérisent notre art national, étaient déjà le partage de ces artistes ignorés. Ils ont de plus le mérite de n'être ni le calque ni la copie de ces manuscrits byzantins dont ils atteignent la perfection. C'est un produit original de cette renaissance du IXe siècle provoquée par Pépin et Charlemagne.

Dans les manuscrits allemands, surtout dans ceux de la basse Allemagne, l'originalité n'est plus la même, et l'influence byzantine est plus accusée. Les ornements et les détails n'offrent plus cette finesse et cette pureté des manuscrits français ; les majuscules sont surchargées d'entrelacs bizarres ; l'encadrement des marges est lourd et sans goût ; le coloris est fade et faux ; les personnages sont grotesques ou affectent un calme et une raideur tout-à-fait germaniques. L'art, chez les Bataves, les Ménapiens et toutes ces tribus de même origine, qui peuplèrent la Germanie inférieure et plus tard les Flandres, est postérieur à la civilisation romaine. Lors de la conquête de ces contrées par les Romains, les tribus qui les habitaient vivaient dans la barbarie la plus complète. L'Indien du Missouri ou des montagnes Rocheuses, qui peint grossièrement ses combats et ses chasses sur des peaux d'ours et de bisons, est plus avancé dans les arts du dessin que ne l'étaient ces peuplades germaniques.

La conquête romaine modifia peu ces mœurs sauvages. Le christianisme, qui mit quatre siècles à s'établir entre l'Elbe et le Rhin, apporta aux habitants de ces contrées les premières notions de l'art. Il est prouvé maintenant que, dès VIIIe siècle, la peinture était cultivée dans les monastères des Flandres par les moines et par les nonnes [6]. Les longs séjours de Charlemagne dans l'Austrasie et le choix qu'il fit de la ville d'Aix-la-Chapelle, située sur la frontière des Flandres, pour la capitale de son vaste empire, développèrent le goût des arts dans ces contrées. La renaissance carlovingienne, qui, pour l'art de la peinture, ne dura guère qu'un siècle, mais qui, pour l'architecture, se continua d'une manière si splendide du IXe au XIIIe siècle, cette première renaissance dut s'étendre jusque dans les Flandres. Le missel de l'abbaye de Stavelot dans le pays de Liège, les évangiles de l'abbaye de Saint-Laurent à Liège, manuscrits des IXe et Xe siècles, le manuscrit de l'abbaye de Saint-Bertin, dont les peintures retracent la vie de saint Wandrille, sont les premières productions que l'on connaisse de l'ancien art flamand. Les peintures dont ces livres sont ornés ne peuvent soutenir la comparaison avec les peintures des manuscrits français du VIIe siècle, ni même avec celles des manuscrits des époques correspondantes, telles que la Bible de l'abbaye de Saint-Martial de Limoges, la Bible dite du maréchal de Noailles et le Sacramentaire de saint Grégoire-le-Grand, exécutés aussi au Xe siècle. On y trouve les mêmes bordures losangées et quadrillées avec fleurs et entrelacs ; les couleurs y sont appliquées par teintes lavées et sans empâtements, tandis que, dans les manuscrits de l'époque carlovingienne, les peintures sont gouachées, et les clairs apposés en épaisseur sur les ombres. Les jaunes, les bleus, les verts, les rouges, sont purs, sans nuances intermédiaires ou rompues. Ces peintures semblent copiées sur des vitraux, et il est fort probable, bien qu'aucune verrière de cette époque n'ait été conservée, que cet art de la peinture sur verre, connu des anciens qui encastraient des plaques de verre peint dans les parois de leurs appartements, s'était continué dans ces époques intermédiaires, et, par une heureuse transformation, ornait les fenêtres des basiliques chrétiennes de peintures analogues à celles des manuscrits. L'excessive naïveté de la composition, le défaut de proportion des figures, le calque trivial du *facies* des personnages, le peu d'élégance et de délicatesse des accessoires, tout dénote un art à son enfance ; cependant, chose étrange, et qui ne tient pas seulement à la maladresse de l'artiste, mais à certaines habitudes locales, *nous signalerons dans ces premières ébauches une sorte de* parti pris d'imitation littérale de la nature, une tendance particulière vers ce goût du grotesque qui, dans la suite, a spécialement caractérisé l'art flamand.

L'influence byzantine, partie des contrées de la haute Allemagne, descendit de proche en proche le long des rives du Rhin, cette grande voie de communication entre l'empire germanique et la Néerlande, et put seule neutraliser cette tendance vers un naturalisme excessif. Un second évangéliaire du monastère de Stavelot, qui est orné de vingt-neuf grandes miniatures à personnages exécutés sur fond d'or, et le livre du chanoine Lambert (1180), sont de précieux spécimens de cette manière qu'on a qualifiée plus tard, en Allemagne, de *byzantine-rhénane*, et dont les maîtres de l'école de Cologne, Wilhelm et Stephan, ne furent, deux siècles plus tard, que de mystiques et intelligents continuateurs. Ces manuscrits renferment plusieurs peintures dans le genre des miniatures byzantines de la meilleure époque. Là brille un reflet détourné, mais toujours puissant, de l'art antique.

Le XIIIe siècle présente une lacune. Il semble qu'à cette époque la culture de l'art ait été abandonnée dans les Flandres. Le seul manuscrit de ce temps, le livre des *Dialogues* du pape saint Grégoire, provenant du monastère de Saint-Laurent à Liège et qui faisait partie de la bibliothèque de Bourgogne [7], a la plus grande analogie avec les manuscrits français des Xe, XIe et XIIe siècles. Le style des compositions est tout-à-fait barbare. Les verts, les bleus, les rouges, employés seuls et sans mélange, sont appliqués par teintes plates et lavées. On retrouve dans cette disposition une sorte de calque de la peinture sur verre. Les peintures découvertes à Gand dans l'hôpital de la Biloque, et celles trouvées en 1822 sur les murs du château de Nieuport, présentent cette même analogie avec les peintures des vitraux des cathédrales. Au reste, dans les contrées occidentales, la grande peinture semble à cette époque s'être réfugiée dans les ateliers des verriers, et en Italie et en Orient dans le laboratoire des maîtres mosaïstes.

L'art, au XIVe siècle, ne fit que continuer et développer la tradition du XIIIe. Les manuscrits deviennent plus nombreux ; rassemblés à grands frais par Philippe-le-Hardi, par son fils Jean-sans-Peur, mais surtout par Philippe-le-Bon, ils forment la précieuse librairie des ducs de Bourgogne. Louis de Bruges, seigneur de la Gruthuyse, réunit de son côté une magnifique collection que possède aujourd'hui le cabinet des manuscrits de la Bibliothèque nationale de Paris. En étudiant ces monuments d'un art que la découverte de l'imprimerie et les facilités apportées à l'exécution de compositions plus étendues par le procédé des Van Eyck allaient anéantir, on reconnaît tout d'abord que la tradition byzantine est abandonnée sans retour ; rien qui sente l'antique, rien qui rappelle les grandes et austères images de l'évangéliaire de Stavelot ou du livre du chanoine Lambert. Les influences locales l'ont emporté ; l'art est devenu flamand. L'imitation puérile de la nature, la reproduction exclusive des types nationaux, caractérisent les productions de cette époque. L'amour avec lequel l'artiste caresse ces faces bourgeoises et rubicondes, étage ces triples mentons et arrondit ces panses bien remplies, ramène directement l'art au grotesque. Tels miniaturistes et peintres verriers du XIVe siècle sont les dignes précurseurs des Quintin Matsys, des Brauwer, des Van Ostade et des Téniers.

M. Michiels, dont le livre sur la peinture flamande et hollandaise contient des pages intéressantes, mais qui pèche toujours par excès, a consacré toute la première partie de son ouvrage à la recherche et à l'exposition des causes qui provoquèrent la naissance de l'art en Flandre et en Hollande et qui présidèrent à son développement. Il n'emploie pas moins d'un volume à cette espèce de travail préliminaire. Aussi multiplie-t-il singulièrement ces origines. Il en constate sept principales : le climat, le sol, la race, les idées, les faits, les grands hommes, la multitude, d'où découlent les actions, les mœurs, les lois, les événements, la politique, les sciences, les lettres, les arts. On sent combien tout cela est redondant, élastique et conjectural. M. Michiels nous paraît aspirer au titre d'historien philosophe, et cependant cette surabondance de logique, ces raisonnements à l'infini pour prouver ce que chacun sait, cette minutieuse analyse de ce qui saute aux yeux, ne sont rien moins que philosophiques. Ces preuves, confusément accumulées, n'ont pour effet que de fatiguer l'attention et de la détourner du fait principal. Le vrai comme le beau est toujours simple et net.

M. Hotho, l'historien prussien de la peinture allemande et néerlandaise, nous paraît plus près du vrai en donnant à l'art trois origines uniques : le climat, la religion, le caractère national. M. Michiels critique rudement cette théorie. Les trois *mobiles* de M. Hotho renferment cependant les sept *principes générateurs* de M. Michiels. Nous qui nous défions avant tout de ces systèmes absolus, nous nous bornerons à signaler, comme les origines probables de l'art dans les Flandres, la tradition ou l'imitation modifiée par le climat, la configuration du pays et par le caractère des habitants. Nous avons montré tout à l'heure quelle pouvait avoir été l'influence traditionnelle, faisons maintenant la part des influences locales.

L'atmosphère brumeuse et variable de la Hollande et de la Belgique, ces contrées humides et froides placées à la limite des pays tempérés et des régions septentrionales, a dû agir diversement sur l'art de la peinture. Elle l'a obligé d'abord à se rapprocher du foyer et à devenir un art domestique au lieu de se répandre au dehors comme ailleurs et d'orner de ses productions des portiques et des temples aérés. De là l'origine et le développement rapide de cette branche de l'art qu'on a nommée la peinture de genre et qui est particulière au génie flamand. Ces mêmes conditions atmosphériques ont donné au coloris de la plupart des peintres flamands et hollandais cette harmonie merveilleuse, mais parfois un peu éteinte, qui caractérise leurs compositions les plus vastes comme leurs moindres ouvrages. Leurs lumières sont ou vagues et indéterminées comme chez les peintres primitifs et des époques intermédiaires, ou puissamment concentrées comme chez Rembrandt, Huysmans de Malines, Peeter Neefs on Decker. C'est fort rarement que chez quelques artistes la lumière se répand avec cette vigoureuse et ardente profusion des contrées méridionales. Rubens, chez les Flamands, nous apparaît comme une singulière et prodigieuse exception.

L'aspect et la configuration du sol des Pays-Bas ont donné naissance au paysage-portrait et aux peintures de marines. Ces plaines verdoyantes, ces plages immenses où une mer blafarde festonne de ses broderies d'argent des sables d'un gris pâle et doré ; ces villes qui semblent sortir des eaux comme autant de citadelles flottantes, et, dans le pays de Namur, les ondulations abruptes d'un sol accidenté, ont inspiré le génie d'imitation des peintres néerlandais. Ils se sont attachés à reproduire ces aspects variés de la nature, abstraction faite de l'homme, avec le même amour que les peintres de l'antiquité mettaient à représenter l'homme lui-même indépendamment de la nature. Le sol s'est animé sur leurs toiles et a pris l'intérêt d'un être réel et vivant.

L'influence du caractère de la race néerlandaise sur les productions de ses peintres n'est pas moins positive. L'imitation est devenue patiente et minutieuse. A l'origine de l'art et chez les écoles primitives de la Flandre, l'artiste qui peignait un crucifiement voulait reproduire l'éponge qui servait à approcher le vinaigre des lèvres du Christ, la couronne d'épines qui déchirait son front, la lance qui ouvrait son côté, avec cette même fidélité laborieuse et puérile qu'il avait mise à retracer les moindres incidents du drame et à accuser les muscles, l'ostéologie et jusqu'aux villosités et rugosités de la peau de ses acteurs humains ou divins. Le réel tuait l'idéal. Plus tard l'imitation gagna en naturel et en vérité par cela même qu'elle devint moins littérale ; mais elle caractérisa toujours les productions des peintres néerlandais. L'idéal, tel que les écoles italiennes l'ont compris, n'existe que chez quelques grands artistes, Rembrandt, Rubens, Van-Dyck, mais jamais à l'état simple, jamais pur de tout alliage naturaliste. Cette tendance à l'imitation littérale se manifesta, comme nous l'avons vu, chez les Flamands dès le XIIIe siècle. Les miniaturistes eux-mêmes substituèrent alors l'imitation de la nature à la peinture traditionnelle et hiératique des artistes byzantins. Dans le siècle suivant, les maîtres de Cologne, Wilhelm et Stephan, tiennent encore à la tradition byzantine. Les Van Eyck, qui les continuent, inclinent vers l'imitation de la nature.

Le XIVe siècle fut l'époque de la plus grande prospérité des provinces flamandes. Leurs principales villes, Bruges, Gand, Malines et Louvain, pouvaient rivaliser avec les capitales des républiques italiennes, Gênes, Venise et Florence. Nulle condition n'est plus favorable au développement des arts que l'union de la richesse et de la liberté. Les arts, ce luxe de l'intelligence, veulent des appuis éclairés et des protecteurs fastueux : ils les rencontrèrent dans les Flandres ; mais tout porte à croire que, dans le principe, l'architecture fut celui, des arts du dessin que cette orgueilleuse bourgeoisie encouragea de préférence. Les monuments de la peinture, si nombreux au XVe siècle, sont fort rares au XIVe [8]. Il n'existe rien qui laisse à penser que les Flamands et les Hollandais aient jamais eu un sculpteur.

Les Flamands n'avaient pas de peintres que Cologne avait une école. Un passage du vieux poème de *Parceval*, de Wolfram d'Eschenbach, prouve que, dès le XIIIe siècle, le mérite des peintres de Cologne et de Maëstricht était proverbial chez les Allemands. Maître Wilhelm et Stephan, son élève chéri, combinèrent le style des maîtres qui les avaient précédés avec celui des peintres primitifs de l'Italie, que certainement ils connurent. Leur manière est la dernière évolution de ce style byzantin-rhénan que des écoles allemandes contemporaines ont remis en honneur, et qu'elles proclament l'expression la plus haute et la plus vraie de l'art chrétien. La réputation des maîtres de Cologne était sans égale au commencement du XVe siècle ; elle s'étendit dans toute l'Allemagne et descendit le Rhin. Les artistes flamands durent imiter des modèles si voisins. Les premières compositions de Hubert, l'aîné des deux frères du nom de Van Eyck, sont exécutées dans le goût des peintres de Cologne. La manière des deux frères ne changea que lorsqu'ils se furent fixés dans la ville de Bruges et lorsque Jean eut découvert et appliqué le nouveau procédé qui l'a fait regarder comme l'inventeur de la peinture à l'huile. Il faut s'arrêter sur cette découverte de Van Eyck, qui produisit une véritable révolution dans l'art et qui donna une nouvelle direction à la peinture dans les Flandres et par suite dans toute l'Europe.

La plupart des peintres italiens des XIIe et XIIIe siècles peignaient sur toile collée sur bois. Cette manière est bien ancienne. Une miniature d'un manuscrit de Dioscoride, de la bibliothèque impériale de Vienne, qui fut exécutée par Julienne, fille de l'empereur Olybrius, et qui par conséquent date du VIe siècle, nous montre un peintre assis à son chevalet. Une femme, représentant la Nature ou l'Invention, tient une mandragore que cet artiste peint sur un morceau de toile fixé sur un panneau de plus grande dimension. Ces toiles, comme on a pu s'en assurer facilement, étaient préparées avec une couche de blanc qu'on recouvrait d'une feuille d'or pour donner plus d'éclat aux couleurs. Les triptyques grecs, peints sur ivoire ou sur bois, sont préparés à l'or, sur lequel on peignait les clairs en empâtement, les ombres en glacis, et qui formait le champ de la peinture. C'est donc de Constantinople que cette mode doit venir.

A la fin du XIIIe siècle et au commencement du XIVe, les Italiens peignirent beaucoup en détrempe (*tempra*), mais avec une solidité singulière ; l'eau ne peut pas altérer les couleurs de leurs tableaux. Un chimiste italien, M. Bianchi, a fait à Pise l'analyse des couleurs de tableaux de ces premières époques qui avaient la transparence et l'éclat de tableaux à l'huile. Il y a trouvé de la cire et un peu d'huile qu'on suppose avoir servi à faire fondre la cire. Je croirais plutôt qu'on mêlait l'huile à la cire pour la tenir fluide. Il est probable qu'avec le temps la plus grande partie de cette huile se sera volatilisée. Si les peintres grecs de l'antiquité ne mêlaient pas l'huile à leurs couleurs, ils l'employaient dans la combinaison de leurs vernis, que chacun d'eux, à commencer par Apelles, composait à sa manière en s'en réservant le secret. Les peintres romains, sous les empereurs, firent usage de vernis semblables pour aviver les couleurs de leurs tableaux. Se contentèrent-ils d'appliquer ces vernis à la surface sans les mêler quelquefois à leurs couleurs ? Nous ne le croyons pas. Un vernis appliqué à la surface ne pourrait, en effet, donner à la pâte cette transparence, cette fluidité harmonieuse qui distingue quelques-unes des peintures antiques conservées au musée des Studi. La suavité corrégienne de certaines parties de ces tableaux ne peut résulter non plus de l'application d'un simple vernis et n'a jamais appartenu à la peinture en détrempe. Un agent, mêlé aux couleurs qu'il maintenait fluides pendant un temps suffisant pour permettre aux peintres les corrections et les reprises, et qui plus tard séchait en faisant corps avec la peinture sans rien lui enlever de son éclat et de son moelleux, a évidemment été employé par les artistes de l'antiquité. Ce procédé laissait au pinceau toute sa liberté, à la touche toute son audace. Il est telles de ces peintures, conservées au musée des Studi, dont les auteurs auraient pu lutter de fougue et d'adresse avec Rubens ou Bonington, surtout dans les détails d'ornements et d'architecture. La peinture en détrempe, d'une exigence si impérieuse, se refuse à ces libertés et ne tolère ni ces hardiesses ni tours de force. L'encaustique n'a ni cet éclat, ni cette fluidité, ni surtout cette solidité. L'agent employé par les peintres romains, quel était-il ? L'analyse chimique n'a pu le faire découvrir. On a tout lieu de croire que l'huile y entrait en quantité considérable.

Pollux, dans son *Onomasticon*, où l'on trouve de si précieux renseignements sur tout ce qui concerne l'art chez les anciens, énumérant les objets que les peintres de son temps employaient pour leurs travaux, indique, entre autres choses [9], les tables de bois, le trépied ou chevalet pour poser ces tables, les pinceaux, les couleurs d'espèces différentes, la cire et les substances résineuses qui se mélangeaient avec elle, non-seulement pour donner du corps aux couleurs, comme le suppose M. Raoul-Rochette, mais aussi, comme Pline nous l'apprend, pour faire sécher la cire et la mettre en état de résister aux atteintes de l'air et du soleil. A quelle époque s'opéra la substitution plus ou moins complète de l'huile ou de toute autre substance de même nature à la cire, substitution précieuse en ce sens qu'elle remplaçait un agent que le feu devait liquéfier par un agent naturellement fluide, et qu'elle supprimait ce réchaud ou *cauterium* qui compliquait si singulièrement l'attirail de peinture des artistes de l'antiquité ? Cette question reste encore à résoudre.

Dans la peinture du manuscrit de Dioscoride, dont nous venons de parler, outre le panneau, la toile qui y est fixée et le chevalet, nous voyons à côté de l'artiste une tablette sur laquelle ses couleurs sont disposées à peu près comme sur la palette de nos peintres ; elles paraissent de même consistance et ont été évidemment apposées par petits tas avec le couteau après que le peintre les a eu broyées. Outre cette grande tablette, le peintre tient encore à la main une tablette plus petite, comme une espèce de palette où sont disposées de la même manière les couleurs qu'il emploie. Ces couleurs étaient donc à demi liquides comme nos couleurs à l'huile ; elles n'étaient pas fluides comme la détrempe ; elles n'avaient pas besoin d'être liquéfiées par le feu comme l'encaustique ; l'agent qui s'y trouve mêlé ne devait pas être prompt à sécher comme la gomme, le blanc d'œuf ou la colle : autrement le peintre n'eût pas fait les tas où il approvisionne sa palette si nombreux et si gros. Quelle était donc cette substance qu'au VIe siècle on mélangeait aux couleurs avant de les employer ? Selon toute apparence, elle avait, comme l'agent employé par les anciens peintres romains, une grande analogie avec l'huile.

Un moine allemand, Théophile, qui écrivait, à la fin du Xe siècle, un livre intitulé : *De omni scientia artis pingendi*, indique un procédé au moyen duquel on délayait les couleurs avec de l'huile de lin. Avec les couleurs ainsi préparées, on peignait des tableaux qu'on faisait sécher au soleil [10]. Ce procédé, peut-être le même que celui qu'on employait au VIe siècle, se rapproche beaucoup de la peinture à l'huile telle qu'on la pratique aujourd'hui [11]. Vers 1410, Jean Van Eyck, le second des deux frères, ayant terminé un panneau d'après le procédé décrit par le moine Théophile, exposa au soleil sa peinture pour la faire sécher ; la chaleur fendit les planches, et le tableau fut perdu. Van Eyck chercha dès-lors un moyen plus expéditif et moins dangereux. Il le trouva, et il me semble hors de doute que cette découverte, qui fit tant de bruit au XVe siècle, ne consista pas tant dans la substitution de l'huile à la cire ou à la colle, cette substitution ayant été faite de longue date, que dans l'emploi d'un siccatif, qui, combiné aux huiles de lin et de noix et mêlé aux couleurs, leur permettait de sécher à l'ombre en conservant leur éclat.

    La plupart des écrivains qui s'occupent de l'histoire de l'art n'ont jamais tenu un pinceau. Leur ignorance des procédés matériels de la peinture est fort excusable. Cette ignorance a seule causé tout le bruit que l'on a fait à propos de la découverte de Van Eyck, qu'on a présentée comme l'invention de la peinture à l'huile. A notre avis, cette invention se réduisit à un perfectionnement. Le peintre de Bruges tenta une de ces expériences que bien des artistes renouvellent aujourd'hui, dégoûtés qu'ils sont de l'insuffisance, des inconvénients, nous dirons plus, des trahisons de la peinture à l'huile. L'expérience tentée par Van Eyck ayant réussi, les artistes allemands et italiens appliquèrent à l'envi un procédé plus commode, plus séduisant que ceux en usage jusqu'alors, mais certainement moins favorable à la durée de leurs ouvrages et dont nous doutons fort que l'art de la peinture ait tiré un avantage réel. Il est certain qu'à partir du XVe siècle, le coloris perdit en vivacité et surtout en durée ce qu'il gagnait en puissance et en harmonie. L'emploi des huiles siccatives, combiné avec celui des terres d'ombre et du bitume, soit dans le corps de la peinture, soit dans les glacis, cet emploi d'une commodité singulière et qui donne à un tableau récemment exécuté, et même à certains tableaux des peintres flamands et hollandais, tels que Rembrandt, Decker, Ruysdael et Hobbéma, un ton local si vigoureux, cet emploi, précieux dans quelques exceptions, a causé la prompte destruction, l'abolition presque complète de la plupart des grandes compositions peintes à l'huile depuis les Van Eyck, à commencer par *la Transfiguration* de Raphaël et *le Cénacle* de Léonard de Vinci. Quelle différence de conservation entre la fresque vulgaire de Montorfano placée, au couvent des Grâces de Milan, en regard du tableau de Léonard de Vinci, et cette inimitable composition ! Léonard de Vinci, Raphaël, Titien et les Carrache sont ceux qui ont le plus perdu à l'emploi du nouveau procédé. Le Corrége lui doit ses tons soyeux et son éclat incomparable ; mais le Corrège a horreur de toute

Frédéric Mercey

ombre un peu forte, et semble n'avoir employé l'huile que pour surglacer. Paul Véronèse, lumineux jusque dans ses ombres et qui ne fait abus ni des frottis colorés ni des tons vigoureux, s'est mieux soutenu. Les détails de ses tableaux ne sont ni effacés ni même affaiblis ; il est vrai que Paul Véronèse a dû peindre sur des toiles absorbantes. Ses grandes compositions ont la clarté et la fraîcheur des fresques. Comparées à certains tableaux contemporains, tels que *l'Endymion* de Girodet, ou *la Bataille d'Austerlitz* de Gérard, on les croirait plus récemment exécutées. Dans la plupart de nos tableaux modernes, au bout de dix ans, les blancs deviennent jaunes, les jaunes roux, les bleus verts, les bruns noirs, puis tout s'efface, et la nuit vient.

On put promptement acquérir la certitude du peu de durée des peintures exécutées d'après le procédé de Van Eyck. Nous voyons, en effet, que sa composition la plus vaste, le retable de Saint-Bavon, où il a représenté l'adoration de l'agneau mystique, et qu'il avait achevée en 1432, dut être retouchée, et, il faut le dire, repeinte en grande partie, en 1550, par Lancelot Blondel de Bruges et Schoreel d'Utrecht. *La Cène* de Léonard de Vinci se détruisit plus promptement encore. Cette vaste composition avait été achevée en 1498, et, vers 1540, Armenini en parle comme d'une peinture à demi effacée ; vers 1560, les contours seuls restaient. Depuis, ce tableau fut, à diverses reprises, repeint en entier.

La découverte de Van Eyck rendit son nom populaire dans toute l'Europe. Il avait trouvé le grand secret à la recherche duquel plus d'un peintre avait consumé son existence. Les Italiens, qui se passionnent si aisément, et qui, depuis Cimabué et Giotto, cultivaient avec une sorte d'enthousiasme l'art de la peinture, furent ravis à la vue des premiers essais qui leur vinrent de par-delà les Alpes. Un peintre sicilien, qui s'appelait Antonello et qui avait étudié à Rome, se rendit eu Flandre et obtint de l'inventeur lui-même communication de son procédé. De retour en Italie, il initia un de ses amis, le peintre Dominique, à la nouvelle manière. Dominique parcourut l'Italie, excitant partout l'admiration de la foule, la haine et l'envie des artistes. L'un d'eux, André del Castagno, dont le nom doit être voué à l'exécration des hommes, séduisit Dominique par ses caresses, obtint son secret, et le fit poignarder (1454). Dominique mourant se fit porter chez son ami Castagno, dont le crime serait resté inconnu, s'il ne l'eût avoué au lit de mort.

Castagno avait commis son crime en pure perte, car, au moment où Dominique succombait, Rogier de Bruges communiquait aux Vénitiens le secret de Van Eyck, que, d'un autre côté, Antonello avait fait connaître à Pino de Messine. Ce procédé se répandit si promptement dans toute l'Italie, que plus d'une ville en revendiqua plus tard la découverte. Les Napolitains veulent que ce soit un peintre de leur ville, Colantino del Fiore, qui l'ait trouvé. On voit dans la sacristie de l'église Saint-Laurent des pères mineurs, à Naples, un tableau de cet artiste représentant un saint Jérôme tirant une épine du pied d'un lion qui paraît peint à l'huile. Ce tableau porte la date de 1436. Il est donc postérieur d'une vingtaine d'années à la découverte du peintre de Bruges. Les Italiens doivent laisser aux Flamands la priorité de leur découverte. Ils leur ont emprunté leur manière de peindre à l'huile, et c'est à peu près là tout ce qu'ils leur ont pris ; les Flamands leur doivent beaucoup plus.

Au temps où vivaient les Van Eyck, les peintres de la Néerlande ne songeaient cependant pas encore à aller chercher leurs inspirations par-delà les Alpes. Dans les tableaux des deux frères, mais surtout dans leurs principales compositions, le goût du terroir est sensible, et les influences locales sont franchement substituées aux influences byzantines et rhénanes. Toutes les têtes sont bien flamandes et partant passablement vulgaires. Cependant le symbolisme et le sentiment religieux écartent encore le grotesque et le trivial, qui devaient dominer plus tard. Hemmeling continua les Van Eyck, et porta plus loin qu'eux l'imitation naïve et souvent puérile de la nature. Le manque de relief, la sécheresse, et une certaine indigence de forme qui, chez les continuateurs de l'école primitive flamande, dégénéra en véritable pauvreté, apparaissent déjà dans ses ouvrages, exaltés outre mesure depuis que ce goût pour la peinture archaïque, qu'on a qualifié de fièvre des vieux tableaux, *das germanische Kunst-Fieber*, s'est manifesté chez les Allemands.

Les Van Eyck et Hemmeling firent dans la peinture flamande une révolution analogue à celle que Guido de Sienne, Cimabué et Giotto avaient opérée en Italie au XIIIe siècle ; mais leurs successeurs ne furent ni des Girlandajo, ni des fra Angelico, ni des Masaccio, ni même des Taddeo Gaddi et des Orcagna. Du temps de ce dernier, on trouvait en Italie qu'il y avait encore de grands talents, mais que l'art de la peinture allait déclinant de jour en jour. Taddeo Gaddi, à qui Sacchetti prête cette opinion dans une de ses nouvelles, ne pouvait prévoir la venue si prochaine des Léonard de Vinci, des Michel-Ange et des Raphaël. Chez les Flamands, après les Van Eyck, on ne rencontre pas de ces grands talents ; l'art décline tout aussitôt, et l'on ne peut citer les noms de Gérard Van der Meire, de Liévin, de Witte, de Hugo Van der Goes, de Rogier de Bruges et même de Michel Vohlgemuth, que comme ceux d'imitateurs sans goût et de continuateurs souvent serviles. Nous savons bien qu'on a voulu, à diverses reprises, depuis le commencement du siècle, galvaniser ces cadavres. Depuis que M. Frédéric Schlegel a tenté dans une feuille littéraire, *l'Europa*, une renaissance archaïque de l'art allemand, depuis que MM. Boisserée et Solly ont formé leurs curieuses collections, bien des fanatiques se sont mis à leur suite, et on en est venu à trouver beau tout ce qui était vieux. Ce sont là de ces caprices de la mode dont on doit peu s'étonner et dont nous nous permettrons de sourire. On ne faisait pas grand cas des productions de tous ces peintres il y a cinquante ans, et on avait raison. On a beau se récrier, se passionner à froid, le mauvais restera toujours mauvais. Certes, nous ne nous établissons en aucune façon les défenseurs du goût qui régnait il y a un demi-siècle ; mais nous tenons pour fort bizarres ces prédilections contemporaines et les prétendues merveilles qu'elles ont enfantées. En fait de religions nouvelles, dans les arts, les œuvres nuisent souvent terriblement à la foi.

L'école exagère toujours les qualités du maître et en fait des défauts. Chez les continuateurs de Van Eyck, la fermeté et la précision de son dessin se changèrent en sécheresse ; la bonhomie quelquefois pleine de grandeur de ses personnages se transforma en gaucherie prétentieuse et grotesque ; le coloris seul de ces peintres se maintint dans la ligne du naturel et du vrai, mais il perdit toute souplesse, toute solidité, tout relief. Leurs tableaux présentaient encore l'aspect des tableaux du maître ; mais la science des grands effets, l'harmonie générale, avaient disparu ; ce n'étaient plus que des fantômes. Cette prompte décadence n'a rien qui doive nous surprendre. Quoi que prétendent, après M. Frédéric Schlegel,

M. Michiels, M. Arsène Houssaye, dont le goût est plus délicat et qui au fond ne nous paraît pas tout-à-fait convaincu, les peintres flamands des premières époques, à commencer par les maîtres eux-mêmes, ne possédèrent pas la réunion complète de toutes les conditions qui font les grands artistes. Leurs merveilleuses qualités sont obscurcies par de grands défauts qui tenaient sans doute à leur temps, à ce qu'ils arrivaient les premiers, mais qui n'en sont pas moins des défauts. Tels artistes qui vinrent après eux, qui possédèrent leurs qualités et qui purent éviter leurs défauts, leur sont supérieurs. Léonard de Vinci et Raphaël par l'exquise réunion du sentiment profond et délicat et de la précision du dessin, Corrège par l'harmonie et la grâce, Titien et Paul Véronèse comme coloristes puissants, mais surtout vivants, se sont élevés à une bien autre hauteur que tous ces maîtres primitifs de la Flandre, et même de l'Allemagne, qu'on proclame sans rivaux.

L'archaïsme, quelque naïf et précis qu'il soit, quelque degré de patience, de savoir même qu'il affecte, quelques rares qualités qu'il laisse entrevoir, n'est jamais que l'art à son enfance. La pauvreté n'est pas la vérité, pas plus que la sécheresse n'est la précision, et le trivial le naturel. Nous ne croyons donc pas, comme l'avance M. Arsène Houssaye, que les Italiens doivent plus aux Flamands qu'ils ne leur ont rendu. Pour tout homme qui a étudié sérieusement les procédés employés par chaque école et qui s'est rendu compte, par une expérience personnelle, de l'emploi matériel de la couleur, il n'est pas possible d'établir une comparaison sérieuse entre le coloris des Flamands et celui des Vénitiens. Ce sont des systèmes essentiellement différents. Jean Bellin, Titien, Tintoret, Giorgion et Paul Véronèse, excellents coloristes chacun dans son genre, le sont par l'application de procédés analogues, mais particulièrement par l'habile emploi des glacis, par la savante combinaison des tons secondaires plutôt que des tons primitifs. Les noirs, les blancs, les rouges, les bleus, sont rompus, et ont subi une modification radicale avant d'être placés sur la toile. Dans ces vastes compositions de Paul Véronèse, où le jour rayonne, où l'air circule avec une admirable transparence, on ne peut rencontrer un blanc vraiment blanc, un noir vraiment noir. Les chaudes et ardentes compositions de Titien ne nous présentent pas un rouge et un jaune qui ne se soient réciproquement modifiés. A quelques exceptions près, mais surtout à l'exception de Rembrandt, dont la manière comme coloriste est une combinaison de toutes les manières connues, les Flamands procèdent tout différemment et substituent l'empâtement aux glacis. Leurs tons se rapprochent plus des tons primitifs, et leurs gammes sont beaucoup moins variées ; souvent même la couleur passe de leur palette sur la toile sans subir de modifications sensibles. Rubens, le plus grand coloriste flamand, emploie, par exemple, le vermillon pur jusque dans ses reflets. Les tons les plus entiers se heurtent dans sa pâte splendide, et c'est bien rarement qu'il jette sur les témérités de sa palette, sur l'insolence de sa touche, le voile d'un glacis [12].

L'école des Van Eyck exerça une puissante influence dans toute l'Allemagne ; elle modifia les anciennes écoles et en créa de nouvelles. Les écoles de Harlem et de Leyde, où l'art hollandais prit naissance, en sont les deux dérivations les plus rapprochées. Albert Van Ouwater, élève de Van Eyck, apporta le premier à Harlem les procédés du maître. Il aimait, comme lui, à orner les fonds de ses tableaux de vues de villes ou de vastes campagnes qui remplaçaient les fonds d'or des Byzantins. Il n'est donc pas surprenant que les plus grands paysagistes hollandais soient sortis de l'école de Harlem.

Cornille Engelbrechtsz, l'un des plus faibles continuateurs des Van Eyck, fut le fondateur de l'école de Leyde. L'influence allemande domine dans ses ouvrages, d'une exécution sèche et rebutante ; elle se fait sentir encore dans les compositions de Lucas de Leyde, son élève et son plus beau titre de gloire. Il n'a manqué à Lucas de Leyde qu'un champ plus favorable et une carrière plus longue pour être un des plus grands artistes des temps modernes. Dessinateur habile à l'âge où les autres hommes sont encore enfants, Lucas de Leyde gravait à douze ans des planches qu'Albert Durer n'eût pas désavouées. A seize ans, il était le digne rival du maître de Nuremberg. C'est à cet âge qu'il exécuta cette singulière gravure de *la Tentation de saint Antoine*, où il a représenté le diable sous la figure d'une belle femme, avec un chaperon à cornes, offrant au saint un vase précieux. Lucas de Leyde a pressenti la grâce divine des grands maîtres de l'Italie, mais il n'a pas encore le sentiment de la beauté. Ses femmes sont de robustes Flamandes, à la haute stature, aux formes massives, à la face large et claire, au front haut et bombé, sous lequel de petits yeux bleuâtres, dépourvus de sourcils et de cils, brillent d'une lueur terne. L'expression est naïve et souriante ; c'est par là que Lucas de Leyde se rapproche des premiers maîtres florentins. Quant à la vérité locale, à cette pureté de formes, à cette sobriété d'ajustements et d'accessoires que la connaissance de l'antiquité eût pu lui donner, il n'en a nul souci. Les personnages de ses tableaux bibliques ou religieux sont tous costumés comme les bourgeois de Leyde ou de Maëstricht, et toujours avec une richesse singulière ; son dessin a plus de sécheresse que de précision, de finesse que de vérité. Il entoure volontiers ses étoffes de petits lisérés clairs qui découpent plutôt les formes qu'elles ne les dessinent ; on sent que la main de l'artiste a commencé par tenir un burin.

Comme Albert Durer, Holbein et Lucas Kranach chez les Allemands, Lucas de Leyde marque en Hollande le passage du style des maîtres primitifs à ce style complexe où le caractère national et le caractère italien se sont parfois si heureusement combinés. Quintin Matsys, le peintre forgeron, qui dut à l'amour son talent et sa gloire, est déjà tout-à-fait flamand.

Connubialis amor de Mulcibre fecit Apellem,

dit son épitaphe. En étudiant les nombreux ouvrages de l'Apelles d'Anvers, on retrouve le forgeron dans quelques-unes de leurs parties dont l'aspect a quelque chose de métallique, et qui semblent repoussées avec le marteau et polies avec la lime.

Quintin Matsys a donné toutefois plus d'ampleur au style des peintres primitifs ; sa touche a plus de liberté, son coloris est plus franc ; il a poussé plus loin que ses devanciers l'étude intelligente de la nature, quoique souvent il sacrifie trop encore à l'exactitude de l'imitation. Ses *Peseurs d'or*, qu'on rencontre dans toutes les galeries de l'Europe, et dont nous avons au musée du Louvre un assez bon exemplaire, sont la dernière expression de sa manière. La naïveté convenable des têtes, la finesse et le modelé des mains, l'exécution patiente et précise des accessoires, sacrifiés cependant à l'effet d'ensemble, tout cela fait pressentir la révolution que, dans le cours du XVIe siècle, Bernard Van Orley à Bruxelles, Michel Coxie à Malines, Lambert Lombard et Frans Floris à Anvers, Mabuse à Amsterdam, devaient accomplir dans la peinture néerlandaise.

Frédéric Mercey

Les peintres que nous venons de citer visitèrent tous l'Italie ; il ne faut donc pas s'étonner de les voir substituer un style tout nouveau aux anciennes pratiques qu'aucun d'eux pourtant, Lambert Lombard et Frans Floris exceptés, les plus italiens des peintres flamands, n'abandonna jamais complètement ; ils marquent la limite extrême du moyen-âge et des temps modernes ; par eux, la renaissance italienne s'est propagée dans les Flandres, s'attaquant plutôt au fond qu'à la forme, qui, même au moment du suprême triomphe de l'invasion ultramontaine, quand Rubens poussait jusqu'à ses dernières conséquences l'expression du goût italien, reste soumise à certaines influences locales encore visibles sous la magique enveloppe dont son pinceau a cherché à les couvrir. L'esprit, chez lui, n'est jamais complètement dégagé de la matière ; la beauté est robuste et toute terrestre, l'énergie triviale, l'expression grossièrement vraie. Quelques véhéments efforts que fasse le fougueux génie du grand peintre d'Anvers, l'idéal lui fait toujours défaut.

Les prédécesseurs de Rubens, et particulièrement Otto Vénius, qui l'initia aux secrets de l'art, substituèrent l'effet calculé à la naïveté primitive des peintres néerlandais ; ils essayèrent timidement, mais avec l'intelligence d'une école coloriste, ces grandes combinaisons d'ombre et de lumière qu'on appelle clair-obscur. Leur touche prit une ampleur inusitée. Ce furent de vrais peintres, tandis que leurs devanciers, les Van Eyck exceptés, n'avaient souvent fait que continuer les miniaturistes du moyen-âge. Ils introduisirent dans leurs compositions cette unité de lieu, d'intérêt et d'effet que jusqu'alors on avait à peine pressentie. Les peintres brugeois, comme M. Michiels le fait observer, découpaient un morceau de l'espace et disposaient un certain nombre de personnages au milieu d'un large horizon. Chez eux, l'homme n'était qu'un acteur perdu sur un vaste théâtre qu'il ne remplissait pas. Ses armes, ses vêtements, l'or et les pierreries qui les recouvraient, éclairés par une lumière uniformément répandue, attiraient impérieusement l'attention. Les peintres de la transition restreignirent le lieu de la scène, concentrèrent l'effet, s'occupèrent à agencer savamment leurs personnages, qu'ils rapprochèrent des premiers plans du tableau. Ils restituèrent à l'homme cette importance que les peintres de l'antiquité lui avaient donnée, et que les écoles du moyen-âge lui avaient enlevée.

Rubens, à qui l'inspiration semble avoir livré tous les secrets de la palette et tous les artifices du dessin, posséda au plus haut degré la science de l'effet et de la composition. Rubens serait le peintre par excellence, si, dans l'art de la peinture, l'adresse de l'exécution, la puissance de l'imitation, l'inépuisable richesse du coloris, pouvaient suppléer l'idéal. Rubens, comme Otto Vénius son maître, abandonna les traditions des écoles primitives et se fit italien. Otto Vénius cependant ne lui avait enseigné que les procédés matériels et les pratiques vulgaires de l'art ; Rubens dut tout le reste à son génie. Italien par la pensée comme par l'expression, il conserva sa fougueuse individualité ; s'il inclina vers une école, ce fut vers l'école vénitienne. Il y a certainement dans sa manière quelque chose du Tintoret et de Paul Véronèse, mais du Tintoret plus ardent et plus lumineux, de Paul Véronèse plus puissant, mais moins vrai. Comme tous les génies extrêmes et mobiles, s'il imite, c'est par caprice, et, tout en imitant, il sait rester original. Emporté par sa fougue, il s'est trop souvent laissé aller à l'improvisation, et il a procédé par esquisses, surtout dans ses kermesses et ses paysages, où il s'est montré supérieur comme en tout ; mais ses improvisations sont des dithyrambes et ses esquisses sont magnifiques. Un génie si indépendant échappe à toutes les classifications ; il se fait sa place à part et ne peut s'appeler que par son nom. Cependant, en Allemagne et en France, l'esprit de système s'est exercé sur Rubens. Les uns l'ont représenté comme la dernière expression de l'école de Bruges, quant au coloris seulement, et c'est fort heureux. En France, un écrivain ingénieux, M. Hippolyte Fortoul, est remonté plus haut encore. A l'en croire, ses œuvres si diverses et si profanes rappelleraient sous plus d'un rapport celles de ses devanciers les plus lointains et des Byzantins eux-mêmes. Quelques efforts que nous ayons faits, nous n'avons pu découvrir rien de semblable. Cette *sorte d'imitation robuste de la nature*, qui donnerait aux ouvrages du grand peintre d'Anvers cette lointaine analogie avec les œuvres byzantines, est, à notre avis, ce qui au contraire creuse le plus profond abîme entre sa manière et celle des peintres hiératiques du Bas-Empire. Rubens n'est pas même Allemand, il est Flamand.

Rubens, en mourant dans toute sa gloire, légua la partie spirituelle

Frédéric Mercey

de son art et de son génie à Van Dyck, et la partie grossière et matérielle à Jordaens. Jordaens serait peut-être un grand peintre, s'il n'eût pas connu Rubens. Il a dérobé la palette du maître ; il lui a emprunté sa fougue, son adresse. Pendant les soixante-dix ans qu'il a tenu le pinceau, il a peut-être couvert trois fois autant de toile que Rubens ; mais des milliers de tableaux qu'il a peints, en est-il un seul qui s'élève au-dessus du médiocre ? Jordaens nous montre où conduit l'abus de l'imitation, quelque féconde et brillante qu'elle soit. L'absence de toute originalité le classe parmi les peintres de troisième ordre. Élève de Rubens comme Jordaens, Van Dyck a su échapper aux décevantes facilités de l'imitation. Lui qui, dans la fameuse *Descente de croix*, avait repeint la joue et le menton de la Vierge de manière à tromper Rubens lui-même, il a voulu et il a pu être autre chose qu'un copiste ; il a fait plus, il a su se créer une manière toute personnelle. Coloriste moins heurté et plus harmonieux que Rubens, il a donné à ses personnages cette dignité intelligente, cette grâce chevaleresque que les natures sobres et contenues sont plus propres que d'autres à exprimer. Van Dyck est à la fois le plus naturel et le plus distingué des peintres flamands. Ce serait le dernier grand peintre que les Flandres auraient produit, si Rembrandt n'eût pas existé.

Les peintres flamands qui, après Rubens, ou du temps même de ce grand artiste, poussèrent le plus vivement à l'imitation de l'art italien, se sont attachés de préférence à reproduire la manière des maîtres florentins de l'époque qui précéda la décadence. Les peintres de la période antérieure, Otto Vénius et Heemskerck à leur tête, avaient au contraire étudié l'école romaine au moment de son éclat. On a appelé Heemskerck *le Raphaël hollandais*, et cependant sa manière n'est qu'un calque grossier, souvent même grotesque, de celle de Michel-Ange, dont il avait fréquenté l'atelier. Les peintres du XVIIe siècle et de la fin du XVIe persistèrent dans cette même voie. Le Bronzino et Vasari eurent leurs copistes ; on imita des imitateurs.

Dans le cours du XVIe siècle, une révolution moitié politique, moitié religieuse, bouleversa la Hollande. A une époque d'opulence et d'industrie succédèrent des jours d'épreuve et de lutte ; un culte austère remplaça les pompes traditionnelles et le majestueux symbolisme du catholicisme ; l'art dans la Hollande et même dans les Flandres subit l'influence des révolutions religieuses et politiques. Il quitta le sanctuaire du temple pour l'hôtel-de-ville ou pour la maison du citoyen. C'est alors que Rembrandt apparaît et renouvelle du même coup et l'école de Leyde et son art, Rembrandt, poète comme Rubens, et dans son genre aussi grand peintre, aussi grand coloriste que lui. Tous deux ont fait bon marché de l'idéal et même de la beauté. Dans les pages étincelantes du peintre d'Anvers, dans ses allégories les plus violentes et les plus compliquées comme dans les plus austères compositions du peintre hollandais, sa *Leçon d'anatomie*, ses *Cinq régens du Staal Hof* ou sa *Ronde de nuit* par exemple, la matière a le dessus, l'imitation de la nature néerlandaise a prévalu, et cependant, nous le répétons, l'un et l'autre sont poètes. Rubens semble avoir dérobé jusqu'au dernier rayon de soleil et n'avoir laissé à Rembrandt que le crépuscule et la nuit ; mais cette vive lumière n'illumine trop souvent que des images vulgaires et ne s'épanouit que sur les formes charnelles de la Vénus flamande, tandis que ces ténèbres laissent entrevoir, à travers leur admirable transparence, des scènes d'une réalité merveilleuse. Rembrandt est peut-être le plus original et le plus calculateur des peintres. Il est souvent aussi étonnant coloriste que les Vénitiens. Comme eux, il a tiré le plus merveilleux parti des glacis, mais il les applique d'ordinaire sur des empâtements bien autrement solides que les grisailles vénitiennes. Il a trop négligé la beauté.

Rembrandt a eu de nombreux imitateurs, qui sont presque des copistes. Sa manière est trop personnelle, trop originale pour qu'on puisse l'imiter sans danger. Ferdinand Bol, son ami, est le meilleur de ces *pasticheurs*. On a souvent confondu ses intérieurs et ses portraits avec ceux du maître, et c'est un honneur insigne. Bartholomé Van der Helst, élève à la fois de Rubens et de Rembrandt, a conservé plus d'indépendance. Son grand tableau du *Repas des officiers, présidé par le capitaine Wits, en mémoire de la paix de 1648*, qu'on a placé au musée national d'Amsterdam en face de *la Ronde de nuit* de Rembrandt, a pu perdre à ce voisinage ; c'est cependant encore un des tableaux les plus remarquables de la Hollande.

Aujourd'hui qu'une paix de trente années, l'aisance générale, les encouragements publics et privés, et, par-dessus tout, les expositions annuelles du Louvre, ont donné à l'art en France un si étrange développement ; aujourd'hui que les ouvrages produits chaque année par nos peintres ne se comptent plus par centaines, mais par milliers, et que le nombre des artistes s'est accru dans une proportion vraiment merveilleuse, nous aurions mauvaise grâce à nous étonner que, de la fin du XVIe siècle au commencement du XVIIIe, les Flandres aient produit quelques centaines de peintres. Ce qui doit surtout nous surprendre, par comparaison surtout avec le présent, c'est que presque tous ces peintres aient eu du talent, et que, parmi eux, on puisse distinguer de prime abord un grand nombre d'artistes éminents. La surprise cesse si l'on recherche avec quelque attention les causes de cette supériorité.

Avant de produire, les peintres flamands et hollandais se condamnaient à un long et laborieux apprentissage, et aucun d'eux n'eût quitté l'atelier du maître avant de savoir son métier, c'est-à-dire avant de posséder à fond certains procédés techniques quant au clair-obscur et au coloris, procédés que nous retrouvons toujours les mêmes, à fort peu d'exceptions près, dans tous les tableaux bons ou mauvais des artistes néerlandais. L'emploi de procédés uniformes, traditionnels, invariables, diminuait les difficultés matérielles. Le métier n'était plus pour l'artiste qu'une sorte d'instrument dont il jouait comme il l'entendait. Aujourd'hui cette première éducation de l'atelier est à peu près nulle ; au lieu de se servir de moyens connus et communs à tous, l'artiste tâtonne et cherche de nouvelles combinaisons. On perd ainsi à fabriquer l'instrument le temps que les artistes flamands et hollandais mettaient à s'en servir, et d'ordinaire, comme cet instrument est incomplet, on s'en sert mal et on joue faux. Le nombre des peintres sachant peindre est plus rare qu'on ne saurait croire.

La passion que les peintres flamands avaient pour leur art était une autre cause de leur excellence. Ils ne vivaient que par lui et pour lui. S'ils lui faisaient quelques infidélités, c'était pour le cabaret et la kermesse, et, comme ils finissaient quelquefois par établir leur atelier au milieu des cruches et des pots à bière, ou sur le champ de foire, leur talent ne perdait rien à ces distractions passagères. Toutefois la raison principale de la rare perfection que la plupart de ces artistes ont donnée à leurs ouvrages, c'était le soin que chacun d'eux mettait à borner son champ, à restreindre sa manière à certains sujets et certains effets toujours les mêmes, ou, comme on dit aujourd'hui, à se *spécialiser*.

A. partir d'Adrien Elzheimer, un des premiers peintres qui se soient attachés à reproduire les effets secondaires de la nature toute nue, la plupart des artistes, dits *petits maîtres flamands et hollandais*, se bornèrent chacun à l'imitation de scènes et d'effets analogues, souvent même toujours semblables. Brauwer, Craesbeke, les trois Téniers, les Ostade, Jean Steen et beaucoup d'autres peignent à qui mieux mieux les cabarets, les kermesses et toutes les péripéties bouffonnes, souvent même dramatiques, de l'orgie flamande. Leurs grotesques bacchanales peuplent les musées de l'Europe. Terburg, Metzu, Jean Leduc, Nicolas, de Hooch, Miéris, Netscher, Gonzalès Coques, Peeter de Hooge, Jean Verkolie, les deux Vanloo flamands, en un mot toute la pléiade des peintres élégants reproduit de préférence des conversations galantes où figurent de belles dames et des cavaliers qui les courtisent. A l'exception de quelques assemblées de famille, exécutées après la réforme, et dont tous les membres sont vêtus de noir, les personnages de ces scènes familières sont costumés avec beaucoup de recherche ; mais quelque chose d'épais dans la tournure, de gauche dans les manières, trahit souvent l'origine flamande de ces raffinés. Gérard Dow est plus varié, et se détache du groupe ; cependant son imitation si admirablement patiente ne s'écarte pas de certains thèmes. Nous le voyons toujours peindre de préférence les charlatans, les joueurs de flûte, les commères et des scènes d'intérieur plus ou moins compliquées, d'où un fini vraiment merveilleux n'exclut ni la chaleur du jet, ni la vigueur du ton, ni l'expression noble d'ordinaire, pathétique souvent jusqu'au sublime. Godefroy Schalken, le meilleur élève de Gérard Dow, restreint l'imitation et n'applique la manière du maître qu'à la reproduction des mêmes effets de lumière ; son idéal s'est renfermé sous l'abat-jour d'une lampe. Bien des peintres se confinent comme lui dans un même sujet, et font et refont toute leur vie le même tableau. Camille Troost peint les corps-de-garde, Brakemburg les mauvais lieux, Philippe Roos les basses-cours, Hondekoeter les combats de coqs. De l'imitation de l'homme, l'école naturaliste des Flandres était passée à l'imitation de la nature vivante et animée qui l'entourait. Puis, l'horizon de l'art se rétrécissant et la réalité gagnant de plus en plus, on vit des peintres d'un admirable talent se condamner à reproduire certains détails que, du temps des maîtres idéalistes, on n'eût considérés que comme accessoires : des animaux morts, des étoffes, des vases, des fleurs, un insecte, une goutte de rosée, une bulle de savon.

L'antiquité ne nous a pas laissé un seul bon tableau de paysage, et, dans les nombreux ouvrages de ce genre entassés assez confusément au musée des Studi, il est facile de voir que les artistes grecs et romains regardaient ce genre comme tout-à-fait secondaire. La plupart des ouvrages que nous connaissons ressemblent à des peintures chinoises ou aux décorations d'un théâtre de marionnettes. Cependant les auteurs de ces tableaux avaient un rare talent d'exécution, une grande sûreté de dessin et le sentiment de l'effet pittoresque [13]. L'infériorité de ce genre s'explique par la sorte de défaveur dans laquelle il était tombé auprès des écrivains et des beaux esprits du temps. Vitruve lui attribue la décadence de l'art. Il accuse ses contemporains de décorer les murailles de leurs appartements de représentations frivoles et qui ne disent rien à l'esprit, telles que des forêts, des étangs, des marines, tandis que les maîtres grecs ornaient leurs édifices de peintures dont le sujet était tiré de l'histoire des héros et des dieux. Lucien dit quelque part en raillant [14] : « Ce ne sont pas des villes et des montagnes que je cherche dans les tableaux, ce sort des hommes que je veux y voir, et je veux connaître par leurs attitudes et leurs actions ce qu'ils font et ce qu'ils disent. » Si les peintures de paysages qui décoraient les murs, des palais des grandes capitales de l'Italie et de la Grèce ressemblaient aux ouvrages de même genre trouvés à Herculanum et à Pompeïa, ces petites villes de troisième ordre, une telle défaveur était motivée.

Dans les peintures des manuscrits, le paysage est tout-à-fait accessoire ; il est probable cependant que c'est là que les Van Eyck l'ont été prendre pour remplacer les fonds d'or des Byzantins et de l'école de Cologne. Ces paysages des Van Eyck sont sèchement exécutés ; ils représentent d'ordinaire une ville fortifiée, bâtie sur des rochers et se mirant dans un large fleuve qui traverse des plaines verdoyantes : c'est le portrait fidèle des rives du Rhin. La perspective linéaire est exacte, mais la perspective aérienne est rarement observée : les lointains sont traités avec la même précision que les premiers plans ; on les croirait peints avec une lunette d'approche.

Ces fonds de tableaux des Van Eyck ne manquent cependant pas d'une certaine poésie.

Quel est l'artiste, flamand ou hollandais, qui, le premier, peignit le paysage pour le paysage, n'y faisant entrer la figure de l'homme que comme accessoire ? Les historiens de la peinture néerlandaise ne sont nullement d'accord sur ce point. Il paraît certain cependant que, vers le temps des Van Eyck, un peintre de Harlem qui s'appelait Albert Van Ouwater, et que Jean Van Eyck avait sans doute initié au secret de la peinture à l'huile, composa, pour l'autel de l'église principale de cette ville, un retable représentant un paysage dont les premiers plans étaient occupés par une troupe de pèlerins. Patenier, que M. Michiels regarde comme le premier paysagiste proprement dit, n'a peint qu'un siècle après Albert Van Ouwater, de 1520 à 1540, et déjà, en 1511, Giorgion avait exécuté ces beaux paysages, si supérieurs à ceux de l'artiste flamand, dont nous avons au musée du Louvre un spécimen si vigoureux. Nous reconnaissons, d'ailleurs, qu'à partir de Joachim Patenier et de Henry de Bles, le maître à la Houpe [15], les paysagistes se multiplièrent singulièrement dans la Hollande et dans le pays de Namur. Les grands accidents de l'atmosphère, les ondulations du sol, la configuration des montagnes, la physionomie variée des arbres et leurs formes multipliées et caractéristiques, la chaumière cachée sous leur feuillage ou chauffant au soleil son toit couvert de mousse et hérissé par les feuilles charnues de la joubarbe, devinrent dès-lors un objet d'études spéciales. Les premiers paysagistes s'attachèrent à retracer littéralement la nature. Quelques-uns trouvèrent la vérité qu'ils cherchaient, mais aux dépens de l'idéal et en sacrifiant la poésie à la réalité. Les ouvrages de Patenier et du maître à la Houpe ne renferment guère que des indications. Ces artistes, cependant, posèrent un premier jalon sur la route que suivirent résolument la plupart des grands paysagistes hollandais ou flamands, les Huysmans, les Everdingen, les Pynacker, les Cuyk, les Ostade, les Berghem, les Decker, les haret Dujardin et les Wynants, et où Paul Potier, Ruysdael et Hobbéma marchent en avant de tous, au premier rang.

Lorsque Louis XIV, à qui on présentait un tableau d'un des petits peintres hollandais les plus renommés, disait avec un dédain superbe, et dans lequel perçait un peu de dépit et de rancune :

— Otez-moi ces magots de devant les yeux, il faisait une critique sévère, mais juste, des tendances vulgaires de l'art flamand. Un peuple de bourgeois et de marchands enrichis pouvait trouver du charme dans ces représentations exactes d'une nature triviale et grossière qui devaient choquer un goût délicat. Certes, depuis le grand roi, l'école française est singulièrement revenue de cette exclusion dont ses chefs avaient frappé les œuvres de ces peintres. Lebrun et son école, dont la pompe un peu enflée convenait mieux aux magnificences de Versailles, sont à leur tour dédaignés par des juges moins haut placés, mais tout aussi hautains et aussi exclusifs que le détracteur couronné de l'art flamand. La démocratie, qui règne en souveraine dans l'école comme sur la place publique, s'est éprise des œuvres de ces maîtres familiers, et, tout en se proclamant novatrice, la foule y a cherché des modèles ; quelques-uns, plus éclairés et mieux avisés, ont dédaigné une imitation trop littérale, et ont essayé seulement de s'approprier les moyens d'exécution. Hâtons-nous de le dire, non pour justifier ces tendances, mais pour atténuer ce qu'elles pourraient avoir de trop servile et de trop prosaïque, ce sont les maîtres les plus vigoureux et les plus distingués de ces écoles, les esprits les moins grossiers, dont on s'efforce aujourd'hui de reproduire la manière, de deviner et d'appliquer les procédés. Si Brauwer, Adrien Van Ostade et David Téniers ont trouvé quelques imitateurs, Rubens, Van Dyck, Rembrandt, Ruysdael et Hobbéma ont rallié les sympathies les plus nombreuses et les plus relevées.

Il y aurait un curieux travail à faire sur l'influence réciproque que les écoles française et hollando-flamande ont exercée l'une sur l'autre. Cette influence se manifeste dès le commencement du XVIe siècle. François Clouet, dit Janet, le peintre de la cour des Valois, sans adopter entièrement la manière des Van Eyck, comme le prétend M. Michiels, s'appropria quelques-uns de leurs procédés. Moins souple et moins varié que les peintres brugeois, précis et naïf comme eux, il sut, en restant naturel, garder une distinction et une dignité qui leur sont étrangères. Cependant, à en croire M. Michiels, « les personnages de Janet seraient aussi inflexibles, aussi empesés que les héros du Théâtre-Français ; il semble voir des joujoux de Nuremberg, de petits hommes taillés dans le hêtre et dépourvus d'articulations [16]. » Il est difficile d'être plus injuste et moins vrai, et cette assertion de M. Michiels nous montre, une fois de plus, comment un esprit prévenu et exclusif fait tourner contre l'homme de talent qu'il veut déprécier jusqu'à d'incontestables qualités. Janet est, sans nul doute, un peintre d'un tout autre mérite que les continuateurs flamands de Van Eyck. L'air de noblesse qu'il donne à ses personnages constitue surtout son originalité. Ces jugements de M. Michiels n'ont, du reste, rien qui nous surprenne. Il a des préférences tout aussi singulières. Ne regrette-t-il pas quelque part que François Ier, à qui le bruit de la réputation de Michel Coxie était parvenu, n'ait pas chargé ce peintre de décorer son palais de Fontainebleau, à la place de Primatice, « ce déplorable barbouilleur qui gouvernait alors les destinées de la peinture en France ? » Primatice, dont M. Michiels parle avec tant de dédain et à qui il n'accorde qu'un *certain talent de décorateur*, est supérieur, à notre avis, à tous ces peintres flamands qui, les premiers, importèrent dans leur pays la manière italienne. Bernard Van Orley, Michel Coxie, Jean Mabuse, avaient, il est vrai, fréquenté l'atelier de Raphaël ; mais, dans l'étude qu'ils firent de la manière du maître, ils s'arrêtèrent à la forme extérieure. La partie intellectuelle et profonde, le sentiment et la grâce leur furent toujours inconnus. Primatice, au contraire, élève comme eux de Raphaël, ami de Jules Romain et de plus Italien, conservait, même au milieu de ses plus grands écarts, quelque chose de délicat et d'élégant qu'il devait tout autant au génie national qu'à la première direction donnée à son talent. Il n'est pas surprenant, d'ailleurs, qu'à la suite des guerres d'Italie, ce goût italien l'ait emporté à la cour de François Ier et de ses successeurs sur le goût flamand italianisé. L'influence était directe et non transmise de seconde main. Au commencement du XVIIe siècle, lorsque le talent de Rubens était dans toute sa vigueur et que son nom remplissait l'Europe, la reine Marie de Médicis, sacrifiant ses préjugés d'Italienne, le choisit pour peindre la fameuse galerie du Luxembourg. Rubens exécuta, en moins de deux années, ce travail qui eût rempli la vie d'un autre homme ; ses vastes et pompeuses compositions frappèrent d'étonnement les artistes français, l'éclat de son coloris éblouit leurs yeux ; mais le naturalisme qui dominait dans ses tableaux, et qui, dans ses allégories les plus recherchées, se trahissait par la trivialité du dessin et la pesanteur de la forme, lui enleva une grande partie de son prestige et tint en défiance les peintres du temps, ou tout-à-fait français ou tout-à-fait italiens.

Un seul homme, Simon Vouet, ne montra pas la même indifférence pour cette violente manifestation du génie flamand, qui n'était à ses yeux qu'une dérivation de l'art italien. Simon Vouet avait plus d'adresse que de génie. Dans un long séjour en Italie, il avait su s'approprier successivement la manière des peintres alors en vogue, être sombre et vigoureux avec Caravage, lumineux avec le Guide, éclatant et facile avec Paul Véronèse. A la lon crue, il s'était formé de toutes ces manières fondues et combinées un style que de nos jours nous appellerions *éclectique*. Simon Vouet montra pour Rubens la même condescendance que pour les maîtres italiens. Il lui emprunta ce qui convenait le mieux à sa nature et à son talent, c'est-à-dire une liberté d'exécution fort voisine du style lâché, quand la vigueur du coloris ne rachète pas sa mollesse, une ordonnance pompeuse jusqu'à la bizarrerie et certains artifices de clair-obscur inconnus aux maîtres italiens. C'est dans ce style que Vouet, nommé peintre du roi sept ans après l'apparition que Rubens avait faite à Paris, exécuta les nombreux travaux qui lui furent confiés. Cette manière agrandie et plus châtiée se retrouve dans les peintures de Lebrun, son successeur. A travers sa majesté factice, sa pompe académique, il est facile de reconnaître que le premier peintre du grand roi, en composant ses vastes décorations et ses batailles d'Alexandre, s'est souvent rappelé les peintures de la galerie de Médicis. Lafosse, ce Campistron de Lebrun, Jouvenet, plus naturel et plus facile, qui osa peindre après Rubens une *Descente de croix*, et sut faire oublier sa témérité ; après eux, Largillière et Rigaud, obéirent aux mêmes influences. Aucun de ces artistes ne retrouva la palette du peintre d'Anvers. Philippe de Champagne, Eustache Lesueur et Nicolas Poussin résistèrent seuls à cette influence complexe, comme ils avaient résisté à l'invasion du mauvais goût ultramontain. Ils continuèrent, les deux derniers surtout, la grande tradition italienne épurée, c'est-à-dire relevant directement de la nature et de l'antiquité.

Cette sorte de protestation du génie dédaigné contre la médiocrité triomphante resta sans effet. Les tendances de la peinture française au XVIIIe siècle inclinèrent toutes vers les écoles flamande et hollandaise. L'imitation n'est pas directe, mais l'inspiration est manifeste. Ces peintres, d'un mauvais goût si gracieux, qui rabaissèrent l'art au niveau de leur époque et qui firent de la peinture historique à l'usage des ruelles et des boudoirs, les Vanloo, les Fragonard, les Boucher, trouvèrent plus facile d'imiter une école que d'étudier et de reproduire la nature. Comme Rigaud et Largillière, ils procèdent de Rubens ; mais leur coloris, quelquefois si séduisant, n'est que le reflet affaibli de l'éblouissante palette du grand peintre. Si la forme est peut-être moins matérielle, elle n'est pas plus vraie ; le contourné remplace la souplesse, et la ligne flamboie avec la même insolence. Chez les peintres de genre et de paysage, l'imitation est plus éloignée, il y a plus de caprice. Ils n'empruntent guère aux Flamands que des combinaisons d'effet, des artifices de couleur. Aussi le résultat est-il plus satisfaisant, et ces peintres sont-ils restés originaux. Watteau, qui jette des figures peintes avec la légèreté de Téniers et la puissance de coloris de Netscher et de Terburg, dans des paysages profonds comme ceux de Breughel de Velours et que Rubens semble avoir esquissés ; Chardin, qui reproduit la nature morte avec autant de vérité et plus de largeur que Wéeninx, et dont les charmantes scènes d'intérieur rappellent Netscher et Nicolas de Hooch ; Greuze, le Van Dyck des grisettes de son temps, ce 11liéris pathétique et négligé ; Joseph Vernet, qui, dans ses paysages, a combiné Berghem et Claude le Lorrain, et qui donne à ses marines le mouvement et la fureur de Parcellis et de Backuysen, la profondeur et l'étendue de Cuyp et de Van den Velde, mais qui n'a ni le naturel ni la vérité de ces peintres, tous ces artistes, de talents si variés, tiennent chacun par quelques liens aux Flamands, leurs devanciers.

Lors de la grande réaction provoquée par Mengs en Allemagne et continuée en France par Vien et David contre ces peintres du XVIIIe siècle, qui faisaient un si étrange abus du style mouvementé des Italiens de la décadence ou des procédés de clair-obscur et de coloris des artistes néerlandais, l'école française renonça, d'un commun et subit accord, aux allures indépendantes et capricieuses de l'époque précédente et se rangea sous une même bannière. L'imitation de l'antiquité, comprise sous un aspect qui ne manquait pas de grandeur, mais qu'on n'obtenait trop souvent qu'en sacrifiant la grâce et le naturel à une majesté factice et à une vigueur outrée, domine sans partage dans les ouvrages de cette période. Il n'est plus question que pour mémoire et par caprice d'érudition des écoles flamande et hollandaise. Comme les peintres du grand roi, les peintres niveleurs et académiques de l'école républicaine et impériale dédaignent souverainement tous ces faiseurs de magots. Les louer eût été un blasphème, les imiter un crime. On s'aperçoit trop, au coloris des grandes compositions de cette époque, du mépris qu'on avait pour les qualités les moins contestables de ces écoles. Une discipline si rigoureuse était trop antipathique à l'esprit français, indépendant et mobile de sa nature, pour qu'elle ne lassât pas promptement la jeunesse. Ce dédain était trop injuste pour qu'il se continuât. David, de son vivant, put voir son école dominer dans toute l'Europe continentale ; mais sa domination fut suivie d'un soulèvement des nationalités aussi général et d'un retour de fortune aussi prompt que ceux qui précipitèrent de son trône le nouvel empereur d'Occident. L'affranchissement de l'école en France amena son fractionnement. Vingt sectes et vingt manières remplacèrent l'unité académique. La couleur, si méprisée, reprit son prestige. La ligne, esclave si longtemps, s'émancipa follement. La plupart des chefs de la réaction nouvelle choisirent chacun chez les Flamands, de nouveau glorifiés, le modèle typique qui convenait le mieux à son tempérament. Nous ne voulons pas accuser d'imitation littérale des esprits si distingués et parfois si entreprenants, mais il n'est pas difficile de démêler les rapports qui rattachent à leur début MM. Géricault et Delacroix à Rubens, M. Paul Delaroche à Van Eyck et même à Gérard Dow, M. Scheffer à Rembrandt, M. Horace Vernet et son école à Van der Meulen et à Cuyp, M. Gudin à Van den Velde, M. Guignet à Van Dyck, et la plupart de nos paysagistes à Ruysdael, Hobbéma, Huysmans, Decker et Wynants. Ces rapports ne sont pas certainement assez suivis et assez directs pour détruire toute originalité, mais ils ne sont pas moins réels ; on peut les saisir encore dans les diverses transformations qu'a subies la manière de chacun de ces peintres ; l'exagération des imitateurs les a rendus plus frappants.

Les mêmes rapports existent, également, et à des degrés différents, entre la plupart de nos peintres de genre et les peintres flamands ; mais cette fois l'imitation est flagrante et s'attaque autant au fond qu'à la forme. On n'étudie plus seulement des procédés d'exécution, on reproduit la physionomie, les détails du costume et jusqu'à l'attitude des personnages ; nous avons des Metzu, des Terburg, des Gérard Dow, des Ostade et jusqu'à des Jean Steen de récente origine. M. Roqueplan, qui a consulté tour à tour Mieris, Albert Cuyp, Van Dyck et Rembrandt ; M. Decamps, dont *la Bataille des Cimbres* nous rappelle les mêlées d'Aldtorfer ; M. Meyssonnier, qui joint la finesse et la précision de Gérard Dow au naturel de Netscher, sont ceux de nos peintres de genre qui, tout en étudiant les Flamands, ont su le mieux conserver leur verve et leur individualité.

Par une singulière contradiction, tandis que l'école française abandonnait la tradition académique et se retrempait au coloris des Flamands de la grande époque, l'école flamande contemporaine, obéissant à deux impulsions contraires, imitait la manière française, importée par David lui-même dans la Belgique, ou copiait, la loupe à la main, les anciens maîtres nationaux. L'école actuelle dans les Flandres suit aujourd'hui deux directions analogues. Les partisans des modes françaises ont depuis longtemps délaissé les ateliers de M. Paelinck, Navez et Odevaere, ces suprêmes représentants de la manière de David ; ils imitent maintenant MM. Horace Vernet, Delaroche, Eugène Delacroix et Scheffer. Les peintres flamands proprement dits copient plutôt qu'ils n'imitent leurs devanciers des XVIe et XVIIe siècles. Ce sont, en général, les peintres d'histoire ou les peintres anecdotiques qui inclinent vers l'art français ; nous citerons, dans le nombre, MM. Wappers, Dekeyser et Gallait. M. Wappers est le peintre de la révolution belge de 4830. L'immense tableau dans lequel il a représenté le peuple déchirant la proclamation du prince Frédéric, sur la grande place de Bruxelles, ne vaut guère mieux que nos peintures officielles de même date. M. Wappers, dessinateur facile et coloriste plus énergique que séduisant, a des prétentions à la peinture dramatique telle que l'entendait M. Delaroche. Ses *Adieux de Charles Ier à ses enfants*, son *Anne de Boulen*, son *Charles IX, au moment où il finit de tirer sur le peuple le soir de la Saint-Barthélemy*, son *Louis XI regardant danser des jeunes filles d'une terrasse du château de Plessis-les-Tours*, sont de faciles, mais faibles imitations de ce genre tout moderne.

M. Dekeyser, originaire d'un village de la banlieue d'Anvers, pâtre comme Giotto, a débuté à l'exposition d'Anvers en 1834, à l'âge de vingt-un ans, par un tableau de trente pieds représentant le Calvaire. Cette peinture annonçait d'heureuses dispositions et péchait plutôt par l'absence de style que par le manque d'inspiration. Depuis, M. Dekeyser a beaucoup produit et dans toute espèce de genre. Ses tableaux de batailles sont supérieurs à ses autres ouvrages. Sa *Journée des éperons* est peut-être son meilleur tableau. Il est telles parties de cette composition que M. Horace Vernet ne désavouerait pas. Tel est, par exemple, ce groupe où M. Dekeyser nous montre le comte d'Artois terrassé par un frère lai de l'abbaye de Terdoest et achevé par un boucher de Bruges. Ses tableaux de religion, conçus d'une manière ingénieuse, pèchent surtout par l'absence du sentiment religieux. Son coloris ne manque pas d'éclat, mais il est trop chargé de reflets. M. Gallait a figuré avec distinction dans nos expositions du Louvre ; c'est un peintre brillant, facile, qui s'inspire à la fois de Van der Meulen et de nos coloristes modernes. C'était celui des peintres flamands contemporains qui promettait le plus ; a-t-il tenu toutes ses promesses ?

Les peintres de genre et de paysage sont restés presque tous fidèles aux traditions purement flamandes. La plupart sont gens de talent ; mais est-il parmi eux un artiste supérieur ? Nous n'oserions nous prononcer pour l'affirmative. M. Verboeckoven a continué Paul Potter, mais à la façon d'Ommeganck. M. Koekoek de Clèves a hérité de la loupe de Van der Heyden, mais il n'a ni la vérité d'aspect, ni la solidité de ton que ce peintre si précis savait toujours conserver. Chaque brin d'herbe, chaque fleur, chaque rugosité de l'écorce, sont terminés de manière à faire illusion, si on les examine isolément ; malheureusement M. Koekoek ignore cet art de subordonner tous les détails à l'harmonie de l'ensemble que Van der Heyden et Wynants possédaient à un si haut degré. Aussi ses toiles si précieuses ont-elles un aspect de crudité déplaisante. M. Brias et M. Van Schendel de Rotterdam imitent, l'un Gérard Dow, l'autre Schalken, mais en exagérant leurs défauts. Ces artistes peignaient à la loupe, ils peignent, eux, au microscope, ne s'occupant, comme M. Koekoek, que du détail, sans souci du jet et de l'inspiration. Ce que nous pourrions ajouter est bien triste. De même que les petits maîtres flamands de la bonne époque s'étaient attachés la plupart à la reproduction unique des mêmes scènes et des mêmes effets, plusieurs des peintres flamands d'aujourd'hui se sont formé comme une sorte de spécialité de l'imitation plus ou moins rigoureuse d'un de ces peintres d'autrefois. Chacun s'attache à son modèle avec une désespérante fidélité. M. Donny de Bruges refait les clairs de lune de Van der Neer, MM. Schotel les marines de Backuysen, M. Shelfout celles de Van den Velde. M. Verschuur d'Amsterdam nous donne de nouvelles éditions de Wouvermans, M. Dykmans des calques de Metzu ; M. Madou copie Téniers ; M. Leys, Jean Steen ; M. Van Dael, Véeninx et Van Huysum. Bien d'autres encore, car ces artistes de seconde main sont nombreux, se résignent à doubler non-seulement les artistes supérieurs, mais des peintres d'un talent secondaire. On comprend tout ce qu'un pareil système a de funeste et de dégradant. Le peintre n'est plus qu'un copiste patient qui substitue la fidélité à l'invention, le parti pris au naturel ; l'art se transforme en un métier vulgaire, car l'art ne peut exister sans inspiration et sans originalité.

On a peine à s'expliquer que, jusqu'à nos jours, une école si féconde, et que des talents si nombreux et si variés ont illustrée, soit restée sans historien. Les écrivains nationaux, tels que Karel Van Mander, Arnold Houbraken, Lucas de Heere, Sandraert et autres, n'ont embrassé chacun qu'une époque fort limitée, ou ne se sont occupés que d'une branche de l'art, de l'exposition de moyens techniques et du classement de détails biographiques. Aucun d'eux n'a tenté un travail d'ensemble, une appréciation complète et raisonnée des grandes révolutions de l'art dans les Flandres, depuis son origine jusqu'au temps où ils vécurent. Descamps est plutôt un biographe qu'un historien. Il enregistre assez confusément les faits nombreux recueillis par ses devanciers, ne parlant que de ce dont ils ont parlé, oubliant ce qu'ils ont oublié. Comme tous les compilateurs, il a beaucoup lu, beaucoup transcrit, et rien imaginé. MM. Hotho de Berlin, Schnaase, Fiorillo, Waagen et Mme Jehanna Schopenhauer, postérieurs à Descamps et aux écrivains nationaux, ont des vues plus nouvelles et un coup d'œil plus étendu, mais les uns ne font encore que de la biographie, les autres de l'esthétique ; aucun d'eux n'a entrepris une histoire générale et complète. Deux écrivains français, MM. Arsène Houssaye et Michiels, ont tenté récemment de nous donner cette histoire qui manquait. M. Arsène Houssaye a terminé son travail ; M. Michiels a publié la première partie du sien et s'est arrêté à l'époque de la naissance de Rubens. :

La manière de ces deux écrivains offre la disparate la plus complète.

Frédéric Mercey

Vif jusqu'à la mobilité, facile jusqu'à l'abandon, brillant jusqu'à la coquetterie, M. Arsène Houssaye se préoccupe beaucoup plus de la forme que du fond. Il tire habilement parti de ce qu'il sait ; mais il sait moins que M. Michiels, et il n'a pas toujours suffisamment creusé son sujet. Son livre, intéressant, amusant parfois comme un roman, est incomplet. M. Michiels, au contraire, a fouillé le sol trop profondément ; il est arrivé à une sorte de tuf rocailleux qu'il attaque de mille façons, et c'est à grand'peine qu'il parvient à y asseoir les fondements d'une lourde construction dont la bizarre architecture aurait besoin d'être dissimulée sous les peintures variées et gracieuses qui décorent l'édifice de M. Houssaye. Celui-ci juge sainement, mais un peu par ouï-dire ; il sait écrire, mais ne s'est-il pas trop pressé de prendre la plume ? M. Michiels s'est consumé, lui, dans de longues recherches ; il est remonté aux sources ; il possède son histoire à fond, mais il ignore l'art de la raconter d'une manière compréhensible et attachante. M. Michiels a néanmoins de hautes prétentions comme historien et comme critique. Il se déclare de prime abord seul juge compétent en matière d'art, et il nie absolument l'existence de la critique d'art en France. « Abandonnant les voies que Platon et Aristote ont tracées, elle s'est (à l'en croire) égarée au milieu des *syrtes brumeuses où croît l'hypothèse, arbuste infécond des solitudes spirituelles*. De là les *puérilités* qui sont devenues des lois en France et ont un moment conquis toute l'Europe. » M. Michiels se pose donc en restaurateur de la critique. Abordant un sujet neuf, il a voulu, dit-il, le présenter d'une façon nouvelle. A cet effet, il a dû imaginer cette théorie de l'histoire des lettres et des arts que les Allemands avaient seuls pressentie. Cette théorie consiste à appuyer la connaissance de la littérature et des arts sur l'esthétique et la philosophie. Voilà, certes, une grande nouveauté !

Vous saurez de plus que, jusqu'à M. Michiels, les critiques français avaient ignoré l'art de conter. L'historien de la peinture néerlandaise ne prétend pas, il est vrai, avoir découvert ce grand art ; il a voulu, seulement, rendre à la biographie des artistes son *attrait primordial*. C'est pourquoi il multiplie les récits, entrant dans une foule de détails et de particularités souvent oiseuses.

Soyez vif et pressé dans vos narrations,

a dit Boileau, que M. Michiels ne regarde, du reste, que comme un assez *pernicieux* conseiller. M. Michiels n'est guère vif, et il ne nous paraît jamais pressé. Il finit sans doute par arriver, mais après de longues haltes et bien des détours. Diderot dans ses *Salons* de peinture, M. de Stendhal dans ses charmantes esquisses sur l'histoire de la peinture italienne, ont une tout autre manière de raconter.

En résumé, M. Michiels a rassemblé les éléments d'un bon livre qu'il n'a pas su faire. Son histoire pèche surtout par la forme et par le manque de proportions. Le manque de proportions tient au désir incessant qu'a l'auteur d'étaler à tout propos des connaissances encyclopédiques. L'insuffisance de la forme résulte de cette même cause et du parti pris d'être nouveau, coûte que coûte, soit comme penseur, soit comme écrivain. De là cette prétention hautement affichée d'avoir seul découvert ce que chacun sait ; ce besoin de déprécier tout ce qui provient d'autrui et de se proclamer seul savant, seul intelligent, seul capable ; cet abus de l'esthétique et de l'analyse ; cette phraséologie burlesquement ambitieuse, et toute cette affectation de dogmatisme et de néologisme. Ces habitudes littéraires ont pu surprendre un moment l'admiration des lecteurs vulgaires ; elles rebutent un esprit délicat et sont déjà bien surannées. Aujourd'hui, si l'on veut être nouveau, il faut revenir au naturel, et la seule chose qui n'ait pas vieilli, c'est le vrai.

Le naturel, le vrai ! ces deux mots résument merveilleusement cette étude sur les écoles flamande et hollandaise ; ils caractérisent le genre de talent de la plupart des peintres qui les illustrèrent ; ils expliquent comment, arrivant après les Italiens, ils purent être originaux. Les peintres néerlandais ont sans doute abusé du naturel et de la vérité comme les Italiens avaient abusé du style ; mais, si l'on considère la singulière faveur qui s'est attachée à leurs œuvres, faveur sans égale, que le temps a consacrée, et qui, loin de s'affaiblir, semble s'accroître d'âge en âge, on reconnaîtra qu'il faut que cet abus même ait bien du charme, puisqu'il trouve si aisément son pardon.

Frédéric Mercey

Notes

1. In-folio. Bibliothèque nationale. Exécuté en 781.
2. Bibliothèque nationale. IXe siècle.
3. Bibliothèque nationale. Exécuté en 855.
4. Bibliothèque d'Épernay.
5. Bible latine de Charles-le-Chauve. Bibliothèque nationale, in-folio. On voit dans cette Bible des figures symboliques de la Prudence, de la Justice, du Courage et de la Tempérance, placées à chaque coin du cadre de la miniature, qui représente le roi David. Cela sent l'antiquité.
6. Acta sanctorum ordinis sancti Benedicti, t. III, p. 609.
7. N° 9916.
8. On les a cherchés et comptés. On ne connaît que trois tableaux qui aient été exécutés dans les Flandres à la fin du XIVe siècle.
9. Pollux, Onomasticon, VII, 126-129.
10. Ch. XVIII, XXII, XXIII.
11. Les Grecs, vers 1300, peignaient à l'huile. J'ai entre les mains un triptyque de cette époque, exécuté avec un procédé qui ne peut être que celui de la peinture à l'huile. Les têtes des personnages sont très finement modelées dans la pâte.
12. Nous regrettons de ne pas être, sur ce point, de l'avis de M. Arsène Houssaie ; mais Rubens n'a pas si complètement caché sa palette qu'il le prétend. C'est un des peintres au contraire dont la touche est écrite le plus brutalement. Il est telles de ses compositions les plus emportées où chaque coup de brosse a placé sur la toile une couleur presque vierge.
13. Voyez le petit tableau du musée des Studi, représentant des édifices avec de fortes ombres : n° 198.
14. Contempl., p. 346.
15. Ainsi nommé parce que dans tous ses tableaux figure un hibou de l'espèce vulgairement nommée houpe.
16. Histoire de la Peinture flamande et hollandaise, t, III, p. 243.

ISBN : 978-1975712334

www.ingramcontent.com/pod-product-compliance
Lightning Source LLC
Chambersburg PA
CBHW071221240526
45470CB00018B/2171